CW01455573

Giles Andreae

Me, THE QUEEN
and Christopher

La Reine et moi

Illustrated by **Tony Ross**

Translation:
Christian Demilly

abc
MELODY

London

Piccadilly
Circus

The Queen
of England
lives here

Trafalgar
Square

St. James's
Park

Buckingham
Palace

London
Eye

Big
Ben

Westminster
Abbey

For Freya, with love.
G.A.

To my own royal family,
Kate, Philippa, Wendy, and Saffy.
T.R.

St. Paul's
Cathedral

Tower
of London

Globe
Theatre

I live here with
my brother Christopher

Hello.

I'm Freya and I'm seven.

And something so **AMAZINGLY AWESOME** happened to me recently that I just HAD to write it down in this book.

So, here's my story ...

Salut,

Je m'appelle Freya et j'ai 7 ans.

Il n'y a pas longtemps, il m'est arrivé quelque chose
de si **INCROYABLEMENT GÉNIAL** que je DOIS
à tout prix le raconter dans mon journal.

Voilà toute l'histoire…

One day I get a letter. It's a very posh-looking letter. It says *Buckingham Palace* on the back of the envelope. Well, that's a pretty big clue, isn't it?!

I tear it open – and guess what?

Un jour, j'ai reçu une lettre, dans une enveloppe vraiment très chic. Au dos, il y avait écrit : « *Palais de Buckingham* ». Pas mal comme indice, non ?

J'ai déchiré l'enveloppe,
et devinez quoi...

It's only from

THE QUEEN!

The actual

QUEEN of ENGLAND!

UNE LETTRE DE LA REINE !

Tout simplement.

Je veux dire la vraie
REINE D'ANGLETERRE !

"Dear Freya," it says. She knows my name!
The Queen of Eng-er-land
actually knows my **NAME!!**

"Dear Freya,

Every year it is my pleasure to invite one British school child
for tea at Buckingham Palace. This is most interesting for me
because the child is picked quite randomly. This year
I would be delighted if YOU would be my guest on Friday
the somethingtysomething of …

Oh,
my
LOLLIPOPS!

Tea with the Queen!

ME!!

« Ma chère Freya » – la lettre commençait comme ça. Oui, vous avez bien lu : **la Reine de l'Angleterre** connaissait **MON PRÉNOM !**

« Ma chère Freya,

Chaque année, j'ai le plaisir d'inviter un écolier britannique à venir prendre le thé au palais de Buckingham. L'enfant est choisi au hasard, ce que je trouve fort sympathique. Cette année, c'est TOI qui as été tirée au sort, et ce serait une joie pour moi si tu acceptais d'être mon invitée le vendredi bla bla bla... »

SAPERLIPOPETTE !

Un thé avec la Reine !
MOI !

So me and Mummy go to get me a new dress.
I mean, you need a pretty **SPECIAL** dress
for tea with the Queen, right?

And Mummy and Daddy drop me off at
the gates of **ACTUAL** Buckingham Palace.
Daddy took the day off work because he thought
the Queen might just say hello to him too, but ...

Maman et moi, on est donc parties m'acheter
une nouvelle robe pour l'occasion. Un thé chez la Reine,
tout de même, ça vaut bien une robe très **SPÉCIALE**, non ?

Papa et maman m'ont ensuite déposée devant les grilles
du palais de Buckingham, du **VRAI** palais de Buckingham.
Papa avait pris un jour de congé : il espérait que la Reine
allait le saluer lui aussi…

... oh no ... just me ... Freya!

So these soldiers with huge black furry hats and red coats let me in through the gates and I walk right up to the front door. Well, DOORS actually.

...Désolée, papa, c'est juste moi !

Des soldats avec de grandes toques en fourrure noire et de longs manteaux rouges m'ont alors ouvert la grille et m'ont guidée jusqu'à la porte… enfin, jusqu'aux PORTES.

A man who looks like a penguin lets
me in and bows.

Un drôle de monsieur déguisé en pingouin
m'a accueillie en s'inclinant.

Then, right there in front of me ... it's
The QUEEN! In a **REALLY SMART DRESS!**

"Hello, your Royal Majesty-ness," I say.
That's how you talk to the Queen.
And I do a curtsey.

Well, I **TRY** to do a curtsey,
but actually my feet get a bit tangled up ...
and I slip.

Et là, devant moi… dans une **ROBE TRÈS ÉLÉGANTE**…
m'attendait… **LA REINE !**

J'ai dit « Salut, votre Majestuosité », car c'est ainsi
que l'on parle à la Reine. Et j'ai fait ma plus
belle révérence.

En fait, j'ai **ESSAYÉ** de faire une révérence ;
parce qu'en vrai, je me suis complètement emmêlé
les pinceaux et j'ai glissé…

And my head hits the Queen ... on the knee ...
quite hard.

"Oh flipp

shouts the Queen,
and she straightaway falls down.

…pour atterrir la tête la première sur les genoux de la Reine.

ety-poo!"

NOM D'UNE PIPE EN BOIS !

s'est écriée la Reine
avant de s'écrouler.

It turns out that the Queen
hasn't got very good knees.

And now she's got a very
sore bottom, too.

Il faut vous dire que la Reine
a les genoux très fragiles.

Et pour couronner le tout,
son pauvre derrière était tout meurtri.

The ladies who follow her around don't
quite know what to do. I think they're a bit
frightened of pulling up her dress to see
if she's hurt.

But, in the end, that's **EXACTLY** what they do.

Ses dames de compagnie étaient un peu embarrassées et ne savaient que faire. Pour être sûr qu'il n'y avait rien de cassé, il aurait fallu soulever la robe royale, mais ça, c'est un peu délicat…

Pourtant, c'est **PRÉCISÉMENT** ce qu'elles ont fait.

And I can tell you that the Queen BRUISES very easily. Her bottom is **TOTALLY PURPLE!**

Poor Queen.

I can also tell you that the Queen wears knickers with **DOGS** on them. On Fridays, anyway. And very pretty they are, too.

Et là, je peux vous avouer quelque chose : la Reine
se fait très facilement des BLEUS. Ses fesses étaient
TOUTES VIOLETTES ! Pauvre petite Reine.

Ah, encore une confidence : la Reine porte de
ravissantes culottes avec des **PETITS CHIENS**
dessus. Le vendredi, en tout cas.

Anyway, she picks herself up and
takes me upstairs through about
a MILLION corridors ...

Finalement, la Reine a réussi
à se relever. Elle m'a emmenée en haut
d'un immense escalier et m'a fait traverser
des MILLIONS de couloirs…

... with **HUGE** pictures of scary-looking old people in them ...

Sur les murs étaient accrochés de **TRÈS GRANDS** tableaux avec, dedans, tout un tas de gens qui faisaient peur…

... and finally we get to what she calls
her "private quarters".

Et nous sommes enfin arrivées à ce que la Reine
appelle ses « quartiers privés ».

Well, the Queen's "private quarters" (I think that means the bit where she actually LIVES) are COMPLETELY different to the rest of the palace. To be honest, they're quite tatty. "Lived-in", I think is what my mummy calls it. The wallpaper is a bit peely, but LOVELY and pretty, with old-fashioned flowers all over it. And there's an ironing board in the corner with a stack of pants just sitting there. It's actually quite like my gran's flat.

Figurez-vous que ces quartiers privés (je crois que c'est là qu'elle vit pour de vrai) n'ont RIEN À VOIR avec le reste du palais.

Pour être honnête, c'est un peu vieillot… Enfin, « douillet », comme dirait maman. Le papier peint se décolle un peu, mais il est quand même RAVISSANT avec ses fleurs démodées. Dans un coin, il y a une planche à repasser et une pile de sous-vêtements qui traînent. On se croirait chez ma grand-mère !

"Sorry," says the Queen as she sees me looking at the pants. "He says no one can do them like I can. I just haven't put them away yet."

– D'après mon mari, dit la Reine, je n'ai pas mon pareil
pour repasser les slips. Mais bon, je n'ai pas eu
le temps de les ranger… Je suis désolée.

"Now ... let's have tea, Freya. What would
you like? What's your favourite?"
"I don't know, Your Majesty-ness," I say.
"What's yours?"
"Beans on toast," says the Queen, quick as a flash.

BEANS ON TOAST! I say. "But you're
the Queen! You're meant to eat roast beef,
and lobster sandwiches and stuff."
"I know," says the Queen, smiling. "Don't tell
anyone." And she winks.

– Bon, que dirais-tu d'une petite collation ?
Tu as une préférence ?

– Heu, je ne sais pas votre Majestuosité, et vous ?

– Des haricots à la sauce tomate sur des toasts,
sans hésiter !

– DES HARICOTS SUR DES TOASTS ? Mais vous
êtes la Reine ! Ne me dites pas que vous mangez des
sandwichs roastbeef-mayonnaise et tous ces trucs-là ?

– Eh bien, si ! m'a répondu la Reine avec un petit clin
d'œil. Mais tu ne le diras à personne, n'est-ce pas ?

I LIKE
the Queen!

Then she gets a couple of tea bags and
plops them into two **GIANT** mugs.

J'ADORE
la Reine !

Ensuite, elle a pris deux sachets
de thé qu'elle a délicatement
placés dans d'**ÉNORMES** mugs.

"The secret of a decent cup of tea," she says,
concentrating very hard, "is to dip your tea bag
in EXACTLY twenty-seven times."

– Le secret d'un thé digne de ce nom, m'a affirmé la Reine,
c'est de tremper son sachet EXACTEMENT 27 fois,
pas plus, pas moins.

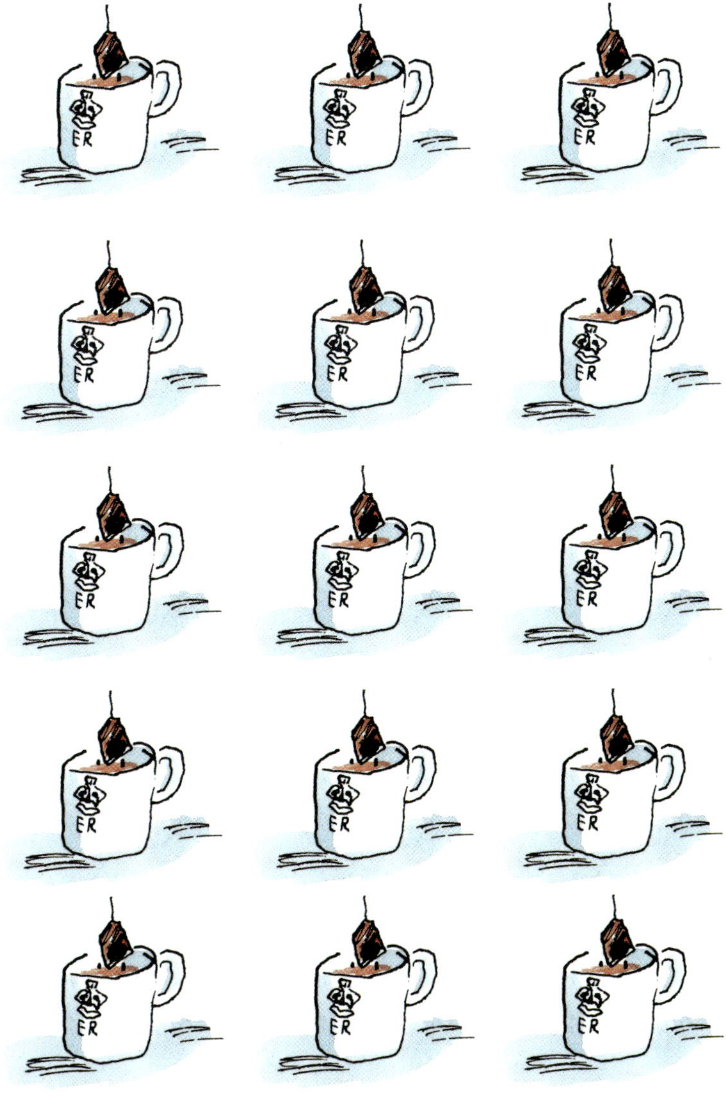

"And you MUST use boiling water."

– Et surtout, l'eau DOIT être archibouillante.

"Sugar?"

"Three, please," I say.

"Oh," says the Queen. "Me, too!"

So we sit down and eat our beans on toast

and we drink our tea.

– Du sucre, Freya ?

– Oui, trois, s'il vous plaît.

– Ça alors, comme moi !

On s'est assises et on a commencé à manger nos toasts et nos haricots…

On a bu notre thé.

Then I spot a TV in the corner.

"What do you like to watch?" I say.

"Oh, mainly wrestling," says the Queen, "but I've just been given the most **AMAZING** thing by the King of Tonga. It's marvellous. I do it every day. You'd **LOVE** it."

She starts fiddling with a remote control but nothing happens, so she kicks a black box under the telly.

"Oh flippety-poo," she says. "You try."

J'ai remarqué qu'il y avait une télé dans un coin.

J'ai demandé à la Reine ce qu'elle aimait regarder.

– Surtout le catch ! Mais récemment, le roi du Tonga
m'a offert un truc **INCROYABLE**, et depuis je m'entraîne
tous les jours. Tu vas voir, tu vas **ADORER**…

Elle a commencé à tripoter la télécommande, mais
il ne se passait rien. Alors elle a donné un grand coup
de pied dans une boîte noire sous la télé… toujours rien.

– Nom d'une pipe en bois ! Vas-y toi, essaie.

She hands me the remote and
I press the red button.

Suddenly, music starts blasting
from the screen.

"WAIT!" shouts the Queen.

"I haven't got into my outfit yet."

She scurries off and, moments later,
she appears ...

J'ai pressé le petit bouton rouge de la télécommande et là…
…une musique assourdissante est sortie de la télé.

– **ATTENDS**, attends ! a crié la Reine. Je dois d'abord aller me changer.

Elle s'est précipitée hors de la pièce pour revenir quelques minutes plus tard…

... in a very comfy-looking tracksuit and a pair of old slippers with a **HUGE** hole in the toe.

"The dogs," she says, apologetically, as she sees me looking.

...vêtue d'un survêtement molletonné et chaussée de baskets **TROUÉES**.

Je la regardais éberluée ; elle m'a demandé d'éloigner les chiens.

"Right ... let's do some dancercises!"

– Parfait… Et maintenant, c'est parti !

"Yes sir, I

ET TU DANSES, DANSES, DANSES…

sings the Queen along with the telly, copying
the moves of the little cartoon person on
the screen **VERY WELL INDEED**.

chantait la Reine, qui se déhanchait en imitant
à la **PERFECTION** les mouvements du petit personnage
à l'écran.

can boogie …"

"... Boogie-woogie

TU DANSES, DANSES… TU DANSES, DANSES…

ALL NIGHT LO

OOOOONG!"

JUSQU'AU BOUT DE LA NUIIIIIIT !

Then she spins around and finishes with one finger
pointing right up in the air and a seriously groovy
expression on her face.

Elle a fait un dernier tour sur elle-même et s'est figée, le genou
plié, le doigt pointé en l'air : une véritable reine du disco !

Then something happens that
I'm not sure I can even tell you about.

But actually you have bought this book,
so probably I should.

Well, you know what happens when you eat
a lot of beans?

Yup, just when the Queen finishes dancing
and the music goes completely quiet,
she actually does the most **ENORMOUS** ...

C'est alors que quelque chose de terrible est arrivé…
mais je ne sais pas si je peux en parler.

En même temps, vous avez acheté ce livre,
alors je dois tout vous raconter…

Eh bien, voilà : vous savez ce qui arrive lorsque l'on mange
trop de haricots ?

Eh ouais… Alors qu'elle avait fini de danser,
que la musique s'était complètement arrêtée, sa majesté
fit un **ÉNORME**, un **GIGANTESQUE**…

Well, I'm not going to **ACTUALLY SAY IT, AM I?** But trust me . . . it was **IMPRESSIVE**.

"Safety," says the Queen.
"Go Queen!!" I say. Well, I couldn't ignore it, could I?

I try to do a high five with her, but I'm not sure she knows what that is. So I just pretend I'm waving and I think I get away with it.

Non ! Je ne **PEUX PAS** écrire une **CHOSE PAREILLE**.
Pourtant, croyez-moi, c'était **MONSTRUEUX**.

– Vraiment désolée, a dit la Reine.
– Bien joué, Majesté !

J'ai voulu lui taper dans la main, mais je n'étais pas
sûre qu'elle connaisse ce geste. J'ai fait mine de lui
faire coucou, et on en est restées là.

"What a lot of photos," I say, looking round the walls.

"They're all of my family," says the Queen, puffing a little bit, hands on her knees. "Come and have a look."

– Qui sont tous ces gens sur les photos ?
ai-je demandé en admirant le mur.

Elle m'a répondu, en reprenant son souffle, les mains
sur les genoux :
– Ce sont les membres de ma famille. Regarde…

"That's my eldest grandson," she says proudly, "and his GORGEOUS wife. On their wedding day."

"She's **BEAUTIFUL**!" I say.

"Isn't she?" says the Queen, with a lovely smile. "Tell me about YOUR family."

"Well, I've got a brother," I say.

"Oh," says the Queen. "Have you got a photo of him?"

– Là, c'est l'aîné de mes petits-fils, en compagnie de sa SPLENDIDE femme, le jour de leur mariage.

– Qu'est-ce qu'elle est **BELLE** !

– N'est-ce pas ? m'a dit la Reine avec un grand sourire. Mais toi ? Parle-moi un peu de TA famille.

– Eh bien, j'ai un frère…

– Ah bon ? Tu as une photo de lui ?

"Yes," I say. I reach into my pocket.
"I **ALWAYS** carry a photo of him. He's called Christopher."

The Queen looks at the photograph.
Then she looks straight at me.

"Oh," she says.

Then, "He's BEAUTIFUL, too."

"Yes." I smile. I **LOVE** my brother.
"And he's **VERY** funny!"

We look at each other. The Queen has really kind eyes.

– Bien sûr ! J'ai **TOUJOURS** une photo de Christopher sur moi. J'ai fouillé dans ma poche et la lui ai montrée.

La Reine a regardé la photo avec attention, puis m'a regardée droit dans les yeux.

– Oh, a-t-elle dit. Il est très BEAU… lui aussi.

– Oui, **J'ADORE** mon frère. En plus, il est **VRAIMENT** drôle.

On s'est encore regardées ; ses yeux étaient pleins de tendresse.

"Does he like cupcakes?"

"He LOVES cupcakes!" I say.

"How do you know?"

"I can tell," says the Queen, just like that.

"I love cupcakes, too. Let's make him some."

So, the Queen, right in her own kitchen,
in her "private quarters", gets out butter, sugar,
flour, eggs ... all the usual stuff.

And then she opens this secret cupboard
and suddenly starts saying ...

– Est-ce que Christopher aime les cupcakes ?

– **Il ADORE les cupcakes !** Comment vous le savez ?

– C'est évident ! Moi aussi, j'adore les cupcakes !
Et si on lui en préparait ?

Et c'est ainsi que, dans la cuisine privée de ses « quartiers
privés », la Reine s'est mise à rassembler le beurre,
la farine, le sucre, les œufs… Enfin, tout ce qu'il faut
pour faire un bon gâteau.

Puis, d'un placard secret, elle a sorti :

"chocolate powder,

du cacao

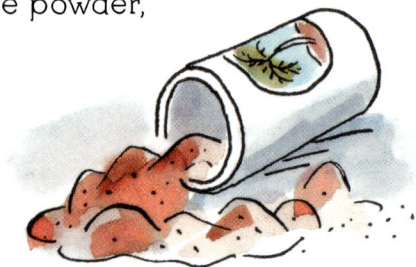

caramel,

du caramel
liquide

fudge,

des carrés de
caramel fondant

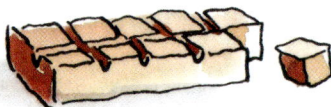

toffee,

du caramel
mou

strawberry sauce,

du coulis de fraises

sherbet stars,

des étoiles pour la décoration

sugary sprinkles ..."

des pépites
de sucre

and it turns out that she's just an absolute **EXPERT** in **EXACTLY** the kind of cupcakes that Christopher **ADORES**!

Et, ô surprise ! La Reine est une véritable **EXPERTE** en cupcakes : ils sont **EXACTEMENT** comme ceux que Christopher **ADORE**.

WHAT A DAY!!

74

QUELLE JOURNÉE INCROYABLE !

So, in the end, I take this **HUGE** box
of cupcakes, I say goodbye to the Queen,
I curtsey (without falling over), and my mum
and dad pick me up at the gates.

"Has she gone back inside, then?" asks
my dad, looking around.

"Yes, Daddy," I say.

J'ai emporté avec moi une **ÉNORME** boîte de gâteaux.
J'ai dit au revoir à la Reine en lui faisant ma plus belle
révérence (réussie, cette fois) et j'ai rejoint mes parents
qui m'attendaient devant les grilles du palais.

– Elle est déjà rentrée ? m'a demandé
mon père en regardant de tous les côtés.

– Hélas, je crois bien, papa…

Two weeks later, our whole school and,
as it turns out, about a thousand million other
people, go to London to watch the Queen
passing by in a **HUGE** procession.
It's a **VERY IMPORTANT DAY**.
I'm with Mum and Dad and Christopher.
And, because of Christopher's wheelchair,
we're right at the back of the crowd.

Deux semaines plus tard, et comme des millions de gens,
nous sommes allés avec toute mon école applaudir
LE PRESTIGIEUX défilé de la Reine dans les rues
de Londres.

C'est **UN JOUR TRÈS IMPORTANT**.

Il y avait aussi maman, papa et Christopher ;
mais à cause du fauteuil
roulant, nous étions obligés
de rester derrière la foule.

The Queen looks **AMAZING**. She's in another absolutely **BEAUTIFUL** dress. She's looking around doing her posh wave.

La Reine était **IMPRESSIONNANTE**. Elle portait encore une robe **MAGNIFIQUE**. Elle saluait la foule avec ce petit geste de la main, tellement chic…

Suddenly, her hand stops.

She looks **RIGHT AT ME**. She smiles.

Then she has a word with her footmen. The entire procession stops. Very slowly, the Queen steps out of her carriage. Hey, I know how sore her bum must be.

Oh flippety-poo!

She's heading straight for **ME**!

Dad looks so nervous that I think he's going to be sick.

Mais soudain, elle a interrompu son geste
et son regard s'est fixé… **SUR MOI**, puis elle a souri.
Elle a eu une petite discussion avec ses valets,
et le convoi a stoppé net. La Reine est alors descendue
de sa calèche avec beaucoup de précautions (je savais,
moi, qu'elle avait très mal aux fesses).

NOM D'UNE PIPE
EN BOIS !

Elle s'est avancée tout droit vers **MOI**.

Papa était sur le point de faire un malaise.

"Hello, Freya", says the Queen.

"And you must be Christopher." She gives him an **ENORMOUS** smile. "Did you like the cupcakes?"

I don't know if I can describe what Christopher does next. But he makes this kind of face. And it's the kind of face that makes the Queen bend down ... and just HUG him.

– Bonjour, Freya. Et bonjour, toi : tu dois être Christopher, non ?

La Reine lui a fait un **IMMENSE** sourire.

– As-tu aimé les cupcakes ?

Je ne sais pas comment décrire la réaction de
Christopher à ce moment-là, mais il avait à peu près
ce genre de tête. Et, voyant cette tête-là, la Reine s'est
penchée vers lui et l'a SERRÉ FORT dans ses bras.

"Have you ever been in a carriage?" she says.

Christopher thinks for a bit. Then he makes one of his really excited noises and throws his head from side to side like he's nearly going berserk.

"This ..." he says, stabbing the arm of his wheelchair with his finger again and again, "... this my CARRIAGE!"

Elle lui a demandé :

– Es-tu déjà monté dans une calèche ?

Christopher a eu un petit moment de réflexion, puis s'est mis à remuer la tête dans tous les sens en poussant de drôles de petits cris, comme s'il devenait fou.

– Mais, Madame, a-t-il répondu en tapotant du doigt l'accoudoir de son fauteuil. J'ai ma propre CALÈCHE !

The Queen smiles ... then laughs ... then really laughs out loud so that **EVERYONE** can hear.

"Freya said you were funny," she says, squeezing his hand. "But that's brilliant, Christopher. Brilliant!"

Then she whispers something in this footman's ear (quite how he can hear it through his massive wig I DO NOT KNOW).

La Reine a souri… et ri… mais ri **AUX ÉCLATS**.

Elle lui a pris la main.
– Freya m'avait bien dit que tu étais un garçon très drôle, mais là, c'est plus que drôle, c'est exceptionnel !

Elle a chuchoté quelque chose à l'oreille de son valet (comment a-t-il pu entendre quoi que ce soit à travers sa perruque ? MYSTÈRE…).

But **ALL** the footmen come over and
they **LIFT** Christopher **IN HIS WHEELHAIR**
high up off the street ...

... and RIGHT into the carriage that the **QUEEN
of ENG-ER-LAND** is actually processing
through the streets in!!

Toujours est-il que **TOUS** les valets se sont approchés de Christopher et, **D'UN COUP**, ont soulevé très haut **SON FAUTEUIL**…

…pour le déposer délicatement dans la calèche officielle de la **REINE de L'ANGLETERRE** (oui, celle du défilé !).

Well, what can I say about Christopher?
It was the happiest moment of his **ENTIRE** life.
And I'm pretty sure it always will be.

But, you know, the Queen is MY friend. And I think
I know her well enough now to say that it might
just **POSSIBLY** have been the **HAPPIEST DAY**
of her life, too.

Que vous dire de plus à propos de Christopher ? Ça a été tout simplement **LE PLUS BEAU JOUR** de sa vie… Et je sais que ça le restera.

Mais, pour ne rien vous cacher, je suis **SÛRE** que c'était aussi **LE PLUS BEAU JOUR** de la vie de la Reine. C'est MON amie et je la connais bien, vous savez…

THE END

(Well, that's ALWAYS what you
write at the end of a book,
isn't it? Just so people know ...)

FIN

(C'est TOUJOURS ce qu'on écrit
quand un livre se termine, non ?
C'est pour que les gens comprennent
que l'histoire est finie...)

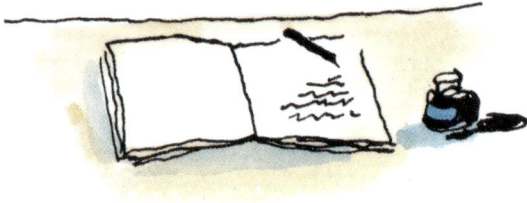

Édité par ABC MELODY Éditions – www.abcmelody.com
© ABC MELODY, 2015
Tous droits réservés pour la traduction en langue française
Édition originale : *Me, the Queen and Christopher* (Orchard Books, 2012)
ISBN : 978-2-368360-75-0 – Imprimé à Malte – Dépôt légal : mars 2015
Loi n° 49-956 du 16 juillet 1949 sur les publications destinées à la jeunesse.
Direction artistique : Stéphane Husar
Conception graphique et mise en pages : Alice Nussbaum

Également disponible dans la collection

MELO*kids*

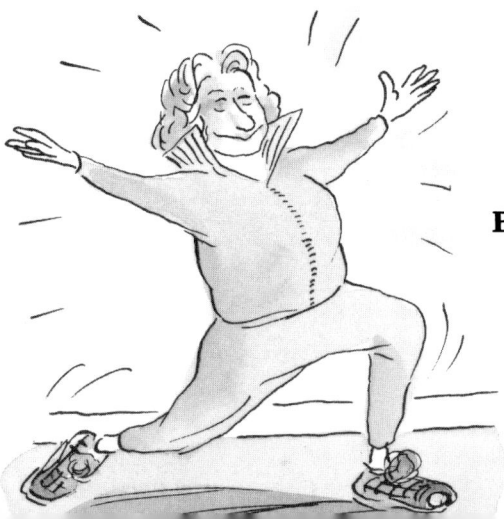

ME, THE QUEEN AND CHRISTOPHER EN VERSION FRANÇAISE !